Texte • Medien

Gabriele Maute

Das Gespenst von Canterville

Arbeitsheft

W0471611

Erarbeitet von Gabriele Maute

Schroedel

Texte • Medien

Herausgegeben von Peter Bekes und Volker Frederking

Druck A 1 / Jahr 2010
Alle Drucke der Serie A sind im Unterricht parallel verwendbar.

Redaktion: Franziska Voigt, Hamburg
Herstellung: Ira Petersohn, Ellerbek
Reihentypografie: Iris Farnschläder, Hamburg
Satz: UMP Utesch Media Processing GmbH, Hamburg
Druck: pva, Druck und Medien-Dienstleistungen GmbH, Landau

Das Texte • Medien -Programm zu »Das Gespenst von Canterville«:

978-3-507-47021-7 Textausgabe mit Materialien
978-3-507-47121-4 Arbeitsheft
978-3-507-47221-1 Informationen für Lehrerinnen und Lehrer

Informationen und Materialien im Internet:
www.schroedel.de/textemedien

ISBN 978-3-507-**47121**-4

Inhalt

Die Personenstruktur des Stückes

1 Ordne die im Stück auftretenden Figuren in die Tabelle ein. Eine Übersicht über alle Figuren findest du in der Textausgabe auf S. 8.

Wirkliche Personen		Übernatürliche Erscheinungen
Schlossbesichtigung (Szene 1)	Familie Otis	Club der Gespenster

2 Lies noch einmal die Szene 1, S. 9–15. Arbeite die gegensätzlichen Auffassungen heraus, die Lord Canterville und Mr Otis zu Gespenstern haben. Trage deine Ergebnisse stichwortartig in die Kästen ein.

Lord Cantervilles Einstellung zum Hausgespenst:	Mr Otis' Einschätzung übernatürlicher Erscheinungen:

Tom schreibt eine E-Mail

Nach seiner ersten Begegnung mit dem Gespenst (Szene 4, S. 26–30) schreibt Tom eine E-Mail an seinen früheren Schulkameraden und Freund Alan in den USA.

1 Versetze dich in Toms Situation und überlege dir, was in der E-Mail stehen könnte.
- Wie wird Tom den neuen Wohnsitz der Familie beschreiben?
- Was wird er wohl über Mrs Umney schreiben?
- Wie wird er von der ersten Begegnung mit dem Gespenst erzählen?
- Was könnte er über seine Erwartungen oder Befürchtungen, was seine zukünftige Schule betrifft, schreiben?

2 Schreibe die E-Mail.

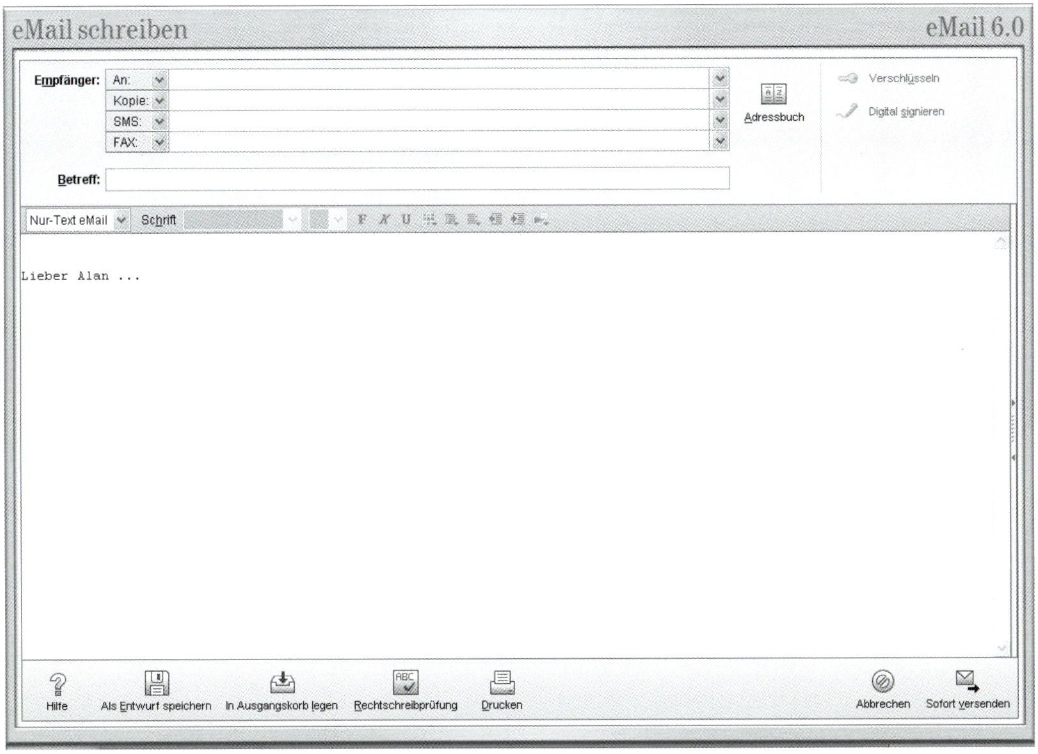

Mrs Otis schreibt einen Brief

Kurz nach dem Umzug schreibt Mrs Otis einen Brief an ihre beste Freundin in den USA.

1 Versetze dich in Mrs Otis und schreibe ihren Brief, in dem sie ihre ersten Eindrücke von der neuen Wohnumgebung schildert.
- Was wird sie über das Schloss und die neue Wohnsituation schreiben?
- Wie wird sie sich über Mrs Umney äußern?
- Was wird sie über ihre erste Begegnung mit dem Gespenst erzählen?
- Wie wird sie das Verhalten der Zwillinge gegenüber dem Gespenst darstellen?

Liebe Pat,

anbei ein Foto unseres neuen Domizils …

Die Gespenster – was macht sie aus?

1 Lies noch einmal die Szenen 5 (S. 31–36) und 7 (S. 42–46), in denen die Gespenster des Spuk-Clubs auftreten.

2 Halte die Eigenschaften der einzelnen Mitglieder des Spuk-Clubs stichwortartig in den Feldern fest.

Sir Simon de Canterville	Lady Emily	Edward Fox
William Webb	Sam	Mary
Cheeky	Jane	Jack Johnson

Das Aussehen der Gespenster gestalten

1 Wähle zwei Gespenster aus dem Spuk-Club aus und skizziere sie. Wie würdest du sie als Kostümbildner und Maskenbildner gestalten? Wie müssten sie deiner Ansicht nach aussehen?

Gespenst: ______________________	Gespenst: ______________________

2 **a)** Bildet Gruppen und wählt ein Gespenst aus.
b) Setzt gemeinsam eure Vorstellungen, wie das Gespenst aussehen soll, um: Kleidet ein Gruppenmitglied als Gespenst ein. Verändert das Aussehen so lange, bis es euren Vorstellungen von dem ausgewählten Gespenst entspricht.
c) Fotografiert die Umsetzung eurer Idee.

3 Stellt die Zeichnungen oder die Fotos in der Klasse vor und begründet eure Gestaltungsweise.

4 Sammelt die Ideen, die euch im Klassengespräch am meisten überzeugen. Ihr könnt diese für die spätere Inszenierung des Stückes verwenden. Ihr könnt auch noch Abwandlungen zu den präsentierten Ideen finden.

Warum der Gärtner kündigt

1 In der achten Szene überreicht Mrs Umney Mr Otis das Kündigungsschreiben des Gärtners. Lies noch einmal nach, welchen Grund Mrs Umney für die Kündigung des Gärtners anführt.

2 Verfasse den Brief des Gärtners. Gib dabei den Grund für die Kündigung an und versuche, seinen Ärger und Unmut im Schreibstil treffend wiederzugeben.

Tom Craft
4 Oakhill Road
Sevenoaks

Betrifft: Kündigung

Sehr geehrter Mr Otis,

____

____

____

____

____

____

____

____

____

____

____

3 Tausche dein Kündigungsschreiben mit dem deiner Sitznachbarin oder deines Sitznachbarn. Gebt euch gegenseitig Rückmeldung, was ihr an den Briefen für gelungen haltet und was man noch verbessern könnte.

4 Entscheide, welche Änderungen du umsetzen möchtest, und schreibe die geänderte Fassung des Briefes in dein Heft.

Wie lautet das Lösungswort?

1 Hast du das Stück sorgfältig gelesen? Teste deine Textsicherheit. Kreuze jeweils die korrekte Antwort an. Die Buchstaben der richtigen Antworten ergeben in der vorgegebenen Reihenfolge ein Lösungswort. Es ist immer nur eine Antwort richtig.

Szene 1

Lord Canterville möchte sein Schloss verkaufen, weil …

… er Geld braucht.	M	
… er nach Amerika auswandern will.	I	
… er das Schloss unheimlich findet.	T	

Mr Otis kauft das Schloss, denn …

… er liebt die alten Gemäuer.	U	
… er sucht einen Wohnsitz in England.	H	
… seine Frau wollte schon immer einmal in einem Schloss wohnen.	U	

Sir Simon de Canterville …

… ist das Gespenst von Canterville.	E	
… erstach 1575 seine Tante.	K	
… ist Botschafter der USA in Großbritannien.	E	
… ist ein moderner Amerikaner.	L	

Szene 2

Mrs Umney ist der Meinung:

Die Zwillinge sollen den Blutfleck entfernen.	B	
Dieser Blutfleck ist eine Schweinerei und muss weg.	L	
Der Blutfleck kann nicht entfernt werden.	A	

Szene 3

Die Zwillinge …

… erneuern täglich den Blutfleck.	U	
… bringen Mrs Umney zu Fall.	T	
… freuen sich auf ihre neue Schule in Eton.	E	

Szene 4

Als Mrs Otis dem Gespenst das erste Mal begegnet, …

… bietet sie ihm ein Beruhigungsmittel an.	E	
… fällt sie in Ohnmacht.	I	
… zieht sie aus.	N	

Szene 5

Sir Simon geht zu den Gespenstern des Spuk-Clubs, weil …

… er schon lange nicht mehr dort war.	K	
… ihn die Zwillinge aus dem Schloss vertrieben haben.	X	
… er den Rat der Gespenster sucht.	R	

Szene 6

Mr and Mrs Otis sind verärgert …

… wegen des Lärms, den Sir Simon macht.	I	
… wegen des Getöses, das die Alarmanlage der Zwillinge verursacht.	S	
… über Virginia, die das Gespenst sehen will.	T	

Szene 7

Lady Emily …

… war in ihrem früheren Leben leidenschaftliche Zugfahrerin.	P	
… sind Bilder unheimlich.	O	
… braucht täglich einen Liter Gin.	M	

Edward …

… war in seinem früheren Leben ein Puritaner.	B	
… freut sich auf den großen Auftritt in Schloss Canterville.	I	
… kann Geschichten von Erschreckungen nicht hören.	M	

Szene 8

Der Gärtner kündigt, weil …

… er sich vor Sir Simon fürchtet.	S	
… ihn Mrs Umney geärgert hat.	T	
… ihn die Zwillinge erschreckt haben.	E	

Mr und Mrs Otis machen diese Zugeständnisse an Sir Simon:

Einmal monatlich darf er Mrs Umney erschrecken.	G	
Alle Gespenster des Spuk-Clubs dürfen im Schloss wohnen.	O	
Die Zwillinge müssen ihn in Ruhe lassen.	L	

Lösungswort:

Eine Szene schreiben

Stelle dir vor, Tante Agathe besucht Familie Otis. Sie wird tatsächlich ins gelbe Gästezimmer gelegt, in dem Sir Simon spuken darf.

1 Schreibe eine Szene, die die Begegnung zwischen Sir Simon und Tante Agathe gestaltet. Gehe dazu so vor:

a) Wähle aus den folgenden Möglichkeiten aus, welchen Charakter die Tante Agathe haben soll, die in deiner Szene vorkommt:

A Tante Agathe ist eine resolute, beherzte Frau, die sich nicht so leicht ins Bockshorn jagen lässt. Sie ist unerschrocken und wehrhaft, aber auch ein bisschen herrschsüchtig und bestimmend, weshalb die Kinder sie nicht sehr mögen. Und was viel schlimmer ist, sie ist absolut humorlos.

B Die Zwillinge würden sagen, Tante Agathe ist zickig. Sie gibt sich sehr vornehm, ist schnell beleidigt und hat es nicht gerne, wenn man ihr widerspricht. Die Kinder mögen sie nicht, weil sie immer etwas zum Meckern hat. Dabei ist sie überempfindlich, wenn sie nicht genug beachtet wird. Sie ist zwar sehr bemüht, einen klugen Dialog zu führen, aber Mr Otis würde behaupten, dass sie von nichts eine Ahnung hat.

C Tante Agathe ist eine Schriftstellerin. Sie ist eine sehr schrullige, ungewöhnliche Frau, die sich vor nichts und niemandem fürchtet. Diese Agathe stellt alles infrage, sie reagiert unerwartet und hat die Fähigkeit, in allem die komische Seite zu sehen. Die Zwillinge mögen sie nicht, weil sie die Jungen ständig auf den Arm nimmt.

D Tante Agathe ist eine ängstliche, zimperliche Person, die einfach nervt, weil sie überall ein Elend, ein Übel oder eine Gefahr sieht. Sie ist steinreich, aber unglaublich geizig. Die Zwillinge mögen sie nicht, weil sie ihnen alles verbietet, aus lauter Ängstlichkeit, sie könnten sich etwas antun.

E Tante Agathe hat ein heiteres Gemüt, aber sie ist ziemlich schwerhörig. Sie kommt mit der modernen Welt nicht gut zurecht, sie lebt in den alten Zeiten. Die moderne Technik und die neuen Erziehungsmethoden sind ihr völlig fremd und unheimlich. Sie möchte in Ruhe gelassen werden, neue Bekanntschaften strengen sie an.

F Tante Agathe ist ein echtes Ekel, sie bestimmt alles, sie kommt an und schikaniert ihre Gastgeber. Man muss sie bedienen und sie will hofiert werden. Diese Frau ist gehässig in der Beurteilung anderer, sie spottet gerne. Vermeintlich weiß sie alles, vor allen Dingen, wie sich andere korrekt verhalten und wie sie handeln sollten.

b) Denke dir die Art und Weise aus, wie Sir Simon Tante Agathe zu erschrecken versucht.

c) Überlege dir, welche Reaktion Tante Agathes zu dem Charakter passt, den du ausgewählt hast. Wie müsste deine Tante Agathe reden und handeln?

d) Schreibe die Szene in dein Heft.

Die Dialogführung untersuchen

1 Analysiere die Szene 3 (S. 21–25 in der Textausgabe), indem du die folgenden Fragen beantwortest.

Stelle kurz die Situation dar. Womit sind die Mitglieder der Familie Otis jeweils beschäftigt?

Wie reden sie miteinander in dieser Szene?

Welche Stimmung entsteht durch diese besondere Dialogführung in der ersten Hälfte der Szene?

Wie redet Washington mit den Zwillingen? Wie behandelt er sie?

Was zeichnet die Sprache der Zwillinge aus?

Die Dialogführung ändert sich nach Virginias Bemerkung: »Besser nicht, die Blutflecken sind hier so dauerhaft.« (S. 24, Z. 8 f.) Welche Wirkung hat dies?

2 Lest den Dialog mit verteilten Rollen. Versucht die Lesung so zu gestalten, dass die Besonderheiten, die ihr herausgefunden habt, betont werden.

Redewendungen: ziemlich gruselig

1 Ordne die Redewendungen ihrer Bedeutung zu, indem du die Zahlen in die passende Zeile der rechten Spalte einträgst.

1	Der Spuk ist vorbei.		Etwas erschreckt einen sehr.
2	kopflos handeln		Etwas ist durchdringend, erschütternd, gellend.
3	sich etwas aus dem Kopf schlagen		Jemand sieht bleich, krank, zu dünn aus.
4	Etwas bereitet einem schlaflose Nächte.		etwas befürchten, was es gar nicht gibt
5	über Leichen gehen		unüberlegt handeln
6	nur noch Haut und Knochen sein		Jemand hat Angst.
7	Jemand ist von allen guten Geistern verlassen.		etwas unter allen Umständen durchsetzen wollen
8	Gespenster sehen	1	Etwas, das höchst unangenehm oder ängstigend war, ist beendet.
9	geistesgegenwärtig handeln		Eine ängstigende Gefahr droht.
10	den Kopf aus der Schlinge ziehen		Etwas ist stumpfsinnig, monoton.
11	Ein Schreckgespenst geht um.		absolut rücksichtslos handeln
12	den Kopf hängen lassen		eine Idee, ein Vorhaben aufgeben
13	keinen Mumm in den Knochen haben		schnell und angemessen reagieren
14	Etwas fährt einem in die Knochen.		traurig und mutlos sein
15	mit dem Kopf durch die Wand wollen		sehr aufgebracht sein und eventuell laut werden
16	Das geht einem durch Mark und Bein.		Ein Problem lässt einen nicht zur Ruhe kommen.
17	aus der Haut fahren		schwach und unmotiviert sein
18	Etwas ist geisttötend.		Jemand handelt absolut unerklärlich merkwürdig.
19	Jemandem flattern die Hosen.		völlig abgemagert sein
20	wie ein Gespenst aussehen		sich aus einer misslichen Lage befreien

2 Vergleicht eure Ergebnisse in Partnerarbeit und sprecht über Gemeinsamkeiten und Unterschiede.

Mit allen Sinnen – was gruselig ist

1 Sammle Wörter oder Wortgruppen, die in einem Text eine unheimliche Atmosphäre erzeugen können. Ordne deine Funde den fünf Sinneswahrnehmungen zu und trage sie in die Grafik ein.

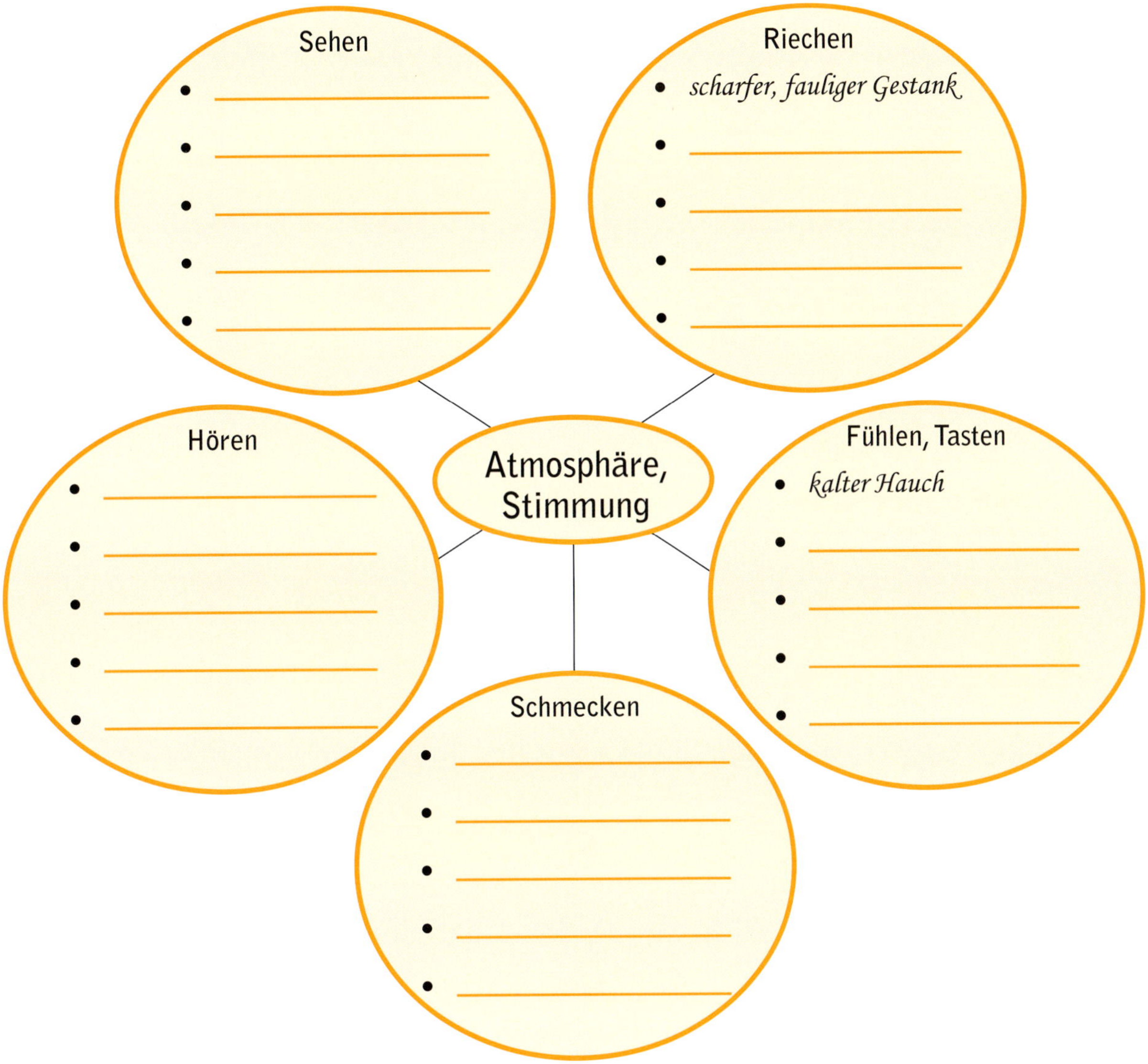

Gedichte untersuchen

Heinrich Seidel
Auf den Rabenklippen

Auf den Rabenklippen
bleichen Knabenrippen
und der Mond verkriecht sich ins Gewölk.
Rings im Kringel schnattern
schwarze Ringelnattern
und der Uhu naht sich mit Gebölk.

Mit den Tatzen kratzen
bleiche Katzenfratzen
an dem Leichenstein der Modergruft,
furchtbar, schrecklich, grässlich,
greulich, eklig, hässlich
tönt ihr Wehgewimmer durch die Luft.

Tief im Moore brodelt's
und im Chore jodelt's
in die rabenschwarze Nacht hinaus.
Keine Brandungslücke,
keine Landungsbrücke
gibt's in diesem Meer von Angst und Graus.

Selbst ein dummer Stänker
wird ein stummer Denker,
wenn er so viel Grauses hört und schaut.
Trinkt noch schnell 'nen Bittern,
sinkt zur Stell' mit Zittern
mit 'ner Kreidehaut ins Heidekraut.

1 In diesem Gedicht ist Atmosphäre gestaltet. Unterstreiche alle Verben und Adjektive, die dazu beitragen, eine gruselige Stimmung zu schaffen.

2 Welche Eigenheiten haben die zusammengesetzten Nomen? Wie arbeitet Seidel mit ihnen?

3 Versuche dich selbst an einer weiteren Strophe für das Gedicht. Beschreibe darin die gruselige Stimmung auf den Rabenklippen möglichst in Reimform.

4 Lies das Gedicht und beantworte die Fragen.

Shel Silverstein
Verhext!

Ich fordre euch dazu heraus:
Wir gehen in das Hexenhaus,
Wo Wuselwesen mit gelben Augen,
Die nur zum Bangemachen taugen,
Auf dem verwurmten Fensterbrett
Uns Übles tun von A bis Z.
Übern Hof, der mondbeschienen,
Durchs quietschende Fenster, dessen Gardinen
Uns zu zwacken und zu fesseln scheinen,
Durchs grause Studierzimmer auf wackligen Beinen,
Die knarzende Treppe hoch mit Gebeten
(Nicht auf die blutige Stufe treten!),
Durch das geheime Fach in der Wand
Ins Schlafzimmer, wo ein Ende, ein schlimmes, fand
Noch jeder, der sich hineinbegeben;
Drum versteckt es gut unterm Rock, euer Leben.
Und die Fledermaus stöhnt,
Und die Geister heulen,
Der Donner übertönt
Die klagenden Eulen,
Und wir tanzen mit den Zombies den Totentanz,
Und der Mann mit der Axt im Kopf wird wieder ganz,
Und das Echo verklingt seines gellenden Schreis …
– Oder essen wir lieber ein Eis?

a) Was gibt es im Hexenhaus zu hören?

b) Was gibt es zu sehen?

c) Was bekommt derjenige, der sich ins Hexenhaus begibt, zu spüren?

5 Welche Wirkung hat es, dass Silverstein mehrere Sinne (Sehen, Hören, Fühlen) anspricht?

6 Die letzte Zeile des Gedichtes überrascht. Wie verstehst du den Schluss des Gedichtes?

Gespenster vergleichen

Dirk Ahner
Hui Buh, das Schlossgespenst

Auf Schloss Burgeck ist das Gespenst Hui Buh zu Hause. Als König Julius sein Schloss bezieht und mit seinem Besitz auch die Gräfin Leonora, die er heiraten will, beeindrucken möchte, fühlt sich Hui Buh gewaltig gestört. Er plant, sich zur Wehr zu setzen.

Er zog ein staubiges, von Spinnweben überzogenes Buch hervor. Es war schon sehr alt. Auf seinem schweren, ledernen Einband stand in goldenen Lettern geschrieben:

SPUKEN LEICHT GEMACHT
FÜR JEDERMANN

Staub rieselte zwischen den Seiten heraus, als Hui Buh das Buch öffnete.

»Hm ... mal sehen ... In welcher Verkleidung werde ich dich erschrecken? Als der Weiße Abt? Nein. Ah, vielleicht das hier!«

Rasch flutschte er in seinen Kleiderschrank. Schon wenige Augenblicke später trat Hui Buh als kleiner, dicker Mann hervor, der eine abgewetzte Uniform mit Reiterstiefeln trug. Seine Augen waren wie zwei Murmeln, die ständig in verschiedene Richtungen kullerten. Man konnte ganz nervös werden beim Zuschauen.

»Der Schieläugige Kutscher!«, rief Hui Buh triumphierend. Dummerweise machte auch ihm das ständige Augenrollen Probleme und bald war ihm so schwindelig, dass er kaum noch stehen konnte. Er taumelte zurück in den Schrank und zog sich eine neue Verkleidung über.

Es rumpelte und rappelte, bis er plötzlich als alter Mann wieder erschien, dünn wie ein Zaunstecken. Er trug einen vermoderten schwarzen Anzug mit Zylinder und hatte ein riesiges Gebiss im Mund. Es klapperte so heftig, dass er kaum sprechen konnte.

»D-d-der Z-z-zähneklappernde T-t-totengräber ...«, stotterte er. Die Zähne hörten erst auf zu klappern, als er seinen Unterkiefer festhielt. »D-d-das ist es wohl a-a-auch n-nicht ...«

Rasch zog er die Verkleidung wieder aus und warf einen Blick in sein schlaues Buch. Er musste sich beeilen, die Kutsche war bereits vor dem Schlosstor!

»Ah, das ist es! Eine grandiose Gruselei! Der Kopflose Henker ist ein echter Klassiker.«

Begeistert studierte Hui Buh die Anleitung zur Verkleidung. In dem Buch war ein wahrhaft gruseliges Gespenst ohne Kopf zu sehen.

»Man fette das Gewinde seines Kopfes gut ein – siehe Abbildung 14 A – und schraube diesen vorsichtig ab. Dann nehme man ein altes, vorzugsweise rostiges Henkersbeil ...«

Hui Buh griff in seine Truhe und zog ein altes Beil hervor. Die Klinge war von den Jahrhunderten in Mitleidenschaft gezogen worden und sah wahrhaft erbarmungswürdig aus – gerade richtig für ein Gespenst. Zufrieden lächelnd prüfte Hui Buh, ob sie auch noch schön scharf war.

»Mal sehen, wie dir das schmeckt, König Julius!«, kicherte er.

Im zweiten Kapitel der Erzählung »Das Gespenst von Canterville« von Oscar Wilde (Textausgabe, S. 63–69) rühmt sich das Gespenst Sir Simon seiner großen, historischen Erfolge und Ruhmestaten. In verschiedenen Gestalten hat es einige Personen richtig in Angst und Schrecken versetzen können.
In dem oben stehenden Textauszug von Dirk Ahner plant das Gespenst Hui Buh, sich zur Wehr zu setzen, als König Julius Schloss Burgeck bezieht.

1 Lies beide Erzähltexte und stelle in der Tabelle zusammen, welche Erscheinungsformen die beiden Gespenster jeweils angenommen haben oder noch annehmen wollen.

In welchen Gestalten konnte Sir Simon erschrecken?	Welche Erscheinungsformen erwägt Hui Buh anzunehmen, um richtig Angst machen zu können?

2 Welche übernatürlichen Fähigkeiten besitzen offenbar beide Gespenster?

Eine Filmszene gestalten

Dirk Ahner
Hui Buh, das Schlossgespenst

König Julius hat sich darauf vorbereitet, die Gräfin Leonora standesgemäß zu empfangen, schließlich will er Eindruck schinden, da er vorhat, Leonora zu heiraten.

Leonora schritt in die Eingangshalle und blickte sich um. Auch hier schien ihr nicht zu gefallen, was sie sah; ihre Lippen wurden dünn wie Bleistiftstriche. »Großer Gott, dieses Schloss ist eine Ruine! Hier wird sich einiges ändern, wenn ich erst einmal Königin bin!«

In diesem Moment schallte die Stimme von König Julius durch die Eingangshalle: »Bezaubernde Leonora!«

Im selben Augenblick war die Gräfin wie ausgewechselt. Sie lächelte strahlend. »Julius! Mein lieber Julius! Gerade eben meinte ich noch zu Charles, wie hinreißend romantisch dieses kleine Schlösschen doch ist!«

Julius verharrte am Treppenabsatz. Er sah wahrhaft majestätisch aus: Der purpurfarbene Umhang lag ihm über den Schultern und unter seinem rechten Arm trug er die Krone derer von Burgeck. Hinter seinem Rücken verborgen hielt er einen prächtigen Strauß roter Rosen. Mit erhabener Miene und stolzgeschwellter Brust blieb er für einen Augenblick stehen, dann schritt er die Treppe hinab.

Er sah die geisterhafte Hand nicht, die den Teppich auf der Treppe lockerte.

Es kam, wie es kommen musste: Der königliche Fuß stolperte über eine Falte. Julius rumpelte kopfüber die Stufen hinab, kullerte über seinen Umhang und landete unsanft auf dem Hinterteil – genau zu Leonoras Füßen.

Schnell sprang er wieder auf die Beine. Doch der Sturz war nicht ohne Folgen geblieben: Seine Haare standen zu Berge, sein Umhang war verrutscht und das Hemd hing aus der Hose. Dazu kam, dass die Rede, die er stundenlang geprobt hatte, in seinem Kopf vollkommen durcheinandergeraten war.

Leonora sah ihn erwartungsvoll an.

Julius räusperte sich. »Bezaubernde Leonora ... Ihr könnt Euch nicht vorstellen, wie sehr sich dieses strahlend schöne Gemäuer freut, ein so altehrwürdiges Gesicht begrüßen zu dürfen. Eine liebreizende Gräfin wie ich ist eine Zierde für jedes Schloss ...«

Tommy kicherte und Julius stellte fest, dass er vollkommenen Unsinn redete. Fieberhaft fügte er die Worte im Geist wieder zusammen und fuhr fort: »Darf ich Euch zum Zeichen meiner Wertschätzung ein ...«

Er wollte der Gräfin den Strauß Rosen überreichen. Doch als er seine Hand hinter dem Rücken hervorzog, waren es keine Blumen, die er festhielt – es war ein großes Würstchen! Jemand hatte es unbemerkt gegen den Blumenstrauß ausgetauscht. Und spätestens, als er das gespenstische Kichern über sich hörte, wusste Julius auch, wer dieser Jemand war. Hui Buh hatte ihm einen sauberen Streich gespielt!

»Darf ich Euch dieses Würstchen überreichen?«, stotterte er. »Es ist ein ... traditionelles Begrüßungsgeschenk auf Schloss Burgeck ... Ein ganz besonderes Würstchen. Mein Vater nannte es immer das ... ahm ... Begrüßungswürstchen.«

Leonoras Lächeln war wie eingefroren; sie starrte Julius mit einer Mischung aus Überraschung und Zorn an. »Mein lieber Julius! Seid Ihr sicher, dass Euch nichts fehlt?«

»Aber nicht doch!« Julius lachte laut auf, als ob er die Bemerkung als Scherz verstanden hätte. Fröhlich fragte er in die Runde: »Will vielleicht jemand einen Kaffee zu seinem Würstchen? Oder einen Cognac? Also, ich brauche jetzt einen Cognac!«

Doch die Gräfin wandte sich ab. Sie war beleidigt. »Danke, Verehrtester. Ich möchte mich etwas frisch machen.«

1 Setzt in Gruppenarbeit die zweite Hälfte des Erzähltextes (ab Z. 31) in eine kurze Filmszene um.

a) Ergänzt das Drehbuch für die Filmsequenz.

b) Einigt euch, wer Regie führt, wer die Kamera übernimmt und wer welche Figur darstellt.

c) Probt und filmt die Szene, ohne allzu viel Zeit auf die Aufgabe zu verwenden.

INNEN – SCHLOSS – TAG

Julius sitzt am Ende der Treppe zu Füßen der verblüfften Leonora, er rappelt sich auf.

Julius *(räuspert sich)* Ihr könnt Euch nicht vorstellen, wie sehr sich dieses strahlend schöne Gemäuer freut, ein so altehrwürdiges Gesicht begrüßen zu dürfen.
Eine liebreizende Gräfin wie ich ist eine Zierde für jedes Schloss …
Darf ich Euch zum Zeichen meiner Wertschätzung ein …

Julius zieht ein Würstchen hinter dem Rücken hervor.

Das gibt es nur in Gespenstergeschichten

Joanne K. Rowling
Harry Potter und der Stein der Weisen

Im dem folgenden Textauszug wird Harry Potters erste Begegnung mit dem Hausgeist von Gryffindor, Sir Nicholas de Mimsy-Porpington, geschildert.

»Das sieht wahrhaft gut aus«, sagte der Geist mit der Halskrause traurig, während er Harry dabei zusah, wie er sein Steak zerschnitt.

»Können Sie nicht –?«

»Ich habe seit fast vierhundert Jahren nichts mehr gegessen«, sagte der Geist. »Ich muss natürlich nicht, aber man vermisst es ja doch. Habe ich mich eigentlich schon vorgestellt? Sir Nicholas de Mimsy-Porpington, zu Ihren Diensten. Hausgeist von Gryffindor; ich wohne im Turm.«

»Ich weiß, wer Sie sind!«, platzte Ron los. »Meine Brüder haben mir von Ihnen erzählt. Sie sind der Fast Kopflose Nick!«

»Ich *zöge* es doch *vor*, wenn Sie mich Sir Nicholas de Mimsy nennen würden –«, erwiderte der Geist leicht pikiert, doch der rotblonde Seamus Finnigan unterbrach sie.

»Fast kopflos? Wie kann man fast kopflos sein?«

Sir Nicholas sah höchst verdrossen drein, als ob diese kleine Unterhaltung überhaupt nicht in seinem Sinne verliefe.

»Eben so«, sagte er leicht verärgert. Er packte sein linkes Ohr und zog daran. Sein ganzer Kopf kippte vom Hals weg, als ob er an einem Scharnier hinge, und fiel ihm auf die Schulter. Offensichtlich hatte jemand versucht ihn zu köpfen, aber das Geschäft nicht richtig erledigt. Der Fast Kopflose Nick freute sich über die verdutzten Gesichter um ihn herum, klappte seinen Kopf zurück auf den Hals, hustete und sagte: »So – die neuen Gryffindors! Ich hoffe, ihr strengt euch an, dass wir die Hausmeisterschaft dieses Jahr gewinnen? Gryffindor war noch nie so lange ohne Sieg. Slytherin hat den Pokal jetzt sechs Jahre in Folge! Der Blutige Baron wird langsam unerträglich; – er ist der Geist von Slytherin.«

Harry blickte hinüber zum Tisch der Slytherins und sah dort einen fürchterlichen Geist sitzen, mit leeren, stierenden Augen, einem ausgemergelten Gesicht und einem mit silbrigem Blut bespritzten Umhang. Er saß auf dem Platz neben Malfoy, der, wie Harry vergnügt feststellte, über die Sitzordnung nicht gerade glücklich war.

1 Beschreibe mit deinen eigenen Worten, was der Hausgeist von Gryffindor für seltsame Eigenschaften hat.

Joanne K. Rowling

Harry Potter und der Stein der Weisen

Es gab einhundertundzweiundvierzig Treppen in Hogwarts: breite, weit ausschwingende; enge, kurze, wacklige; manche führten freitags woandershin; manche hatten auf halber Höhe eine Stufe, die ganz plötzlich verschwand, und man durfte nicht vergessen, sie zu überspringen. Dann wiederum gab es Türen, die nicht aufgingen, außer wenn man sie höflich bat oder sie an genau der richtigen Stelle kitzelte, und Türen, die gar keine waren, sondern Wände, die nur so taten, als ob. Schwierig war es auch, sich daran zu erinnern, wo etwas Bestimmtes war, denn alles schien ziemlich oft den Platz zu wechseln. Die Leute in den Porträts gingen sich ständig besuchen und Harry war sich sicher, dass die Rüstungen laufen konnten.

Auch die Geister waren nicht besonders hilfreich. Man bekam einen fürchterlichen Schreck, wenn einer von ihnen durch eine Tür schwebte, die man gerade zu öffnen versuchte. Der Fast Kopflose Nick freute sich immer, wenn er den neuen Gryffindors den Weg zeigen konnte, doch Peeves der Poltergeist bot mindestens zwei verschlossene Türen und eine Geistertreppe auf, wenn man zu spät dran war und ihn auf dem Weg zum Klassenzimmer traf. Er leerte den Schülern Papierkörbe über dem Kopf aus, zog ihnen die Teppiche unter den Füßen weg, bewarf sie mit Kreidestückchen oder schlich sich unsichtbar von hinten an, griff sie an die Nase und schrie: »HAB DEINEN ZINKEN!«

2 In der Schule für Hexerei und Zauberei begegnet Harry Potter Wesen und Gegenständen, die anders sind als im normalen Leben. Trage sie in die Tabelle ein und notiere dazu jeweils, welche ihrer Eigenschaften von denen wirklicher Dinge abweichen.

Gegenstände und Wesen in Hogwarts	Eigenschaften, die von denen wirklicher Gegenstände abweichen

Wie die Fantasiewelt funktioniert

1 Gespenster- und Gruselgeschichten zu schreiben, bereitet vielen Schriftstellern ein großes Vergnügen. Worin liegt deiner Meinung nach der Reiz, solche Geschichten zu erfinden?

2 Du kennst jetzt Auszüge aus unterschiedlichen Gespenstererzählungen. Wodurch wird es deiner Ansicht nach erreicht, dass die Ausschnitte aus »Das Gespenst von Canterville«, »Hui Buh, das Schlossgespenst« und aus »Harry Potter und der Stein der Weisen« ein Lesevergnügen sind?

3 Welches aus den drei Erzählbeispielen ist dein Lieblingsgespenst? Gib Gründe für deine Entscheidung an.

Eine Geschichte fortsetzen

1 Lies die Erzählung »Das Wirtshaus im Moor« (Textausgabe, S. 100–106) sorgfältig durch und halte fest, welche Stationen des Gruselweges Josef Guggenmos ausführlich beschreibt, welche Geister- und Gespensterwesen diese Stationen bevölkern und wie es dem Autor gelingt, sie möglichst furchterregend darzustellen.

Station	Geister- und Gespensterwesen	Darstellung ihres Aussehens, der Gefahr, die von ihnen ausgeht
Gärtnerei Hops & Kapores	*Kater* *Gärtner*	*dreibeinig, schwarz* *»bissiger Gärtner«*
Jägerstand		
das Schwarze Kreuz		

2 Guggenmos stellt Wesen dar, die den Wanderer das Gruseln lehren können, aber er verharmlost die Gefahren und untertreibt. Das macht die Erzählung frech und witzig. Finde solche Stellen im Text und unterstreiche sie. Zum Beispiel:
»Das [ein Jäger schießt ohne Brille] hab ich zwar vor einem Jahr schon einmal einem gesagt, dem ich den Weg beschrieb, aber der Betreffende ist bis heute nicht mehr zum Vorschein gekommen. Möcht bloß wissen, wo der Schlingel so lange steckt!« (S. 100 f.)

Die Erzählung von Josef Guggenmos endet mit der Ankunft am Wirtshaus im Moor. Was den Wanderer im Wirtshaus erwartet, kannst du selbst weitererzählen.

3 Sammle zuerst Ideen und Material für deine Fortsetzung in einer Mindmap. Schreibe auf dieser Doppelseite alles auf, was dir in den Sinn kommt.

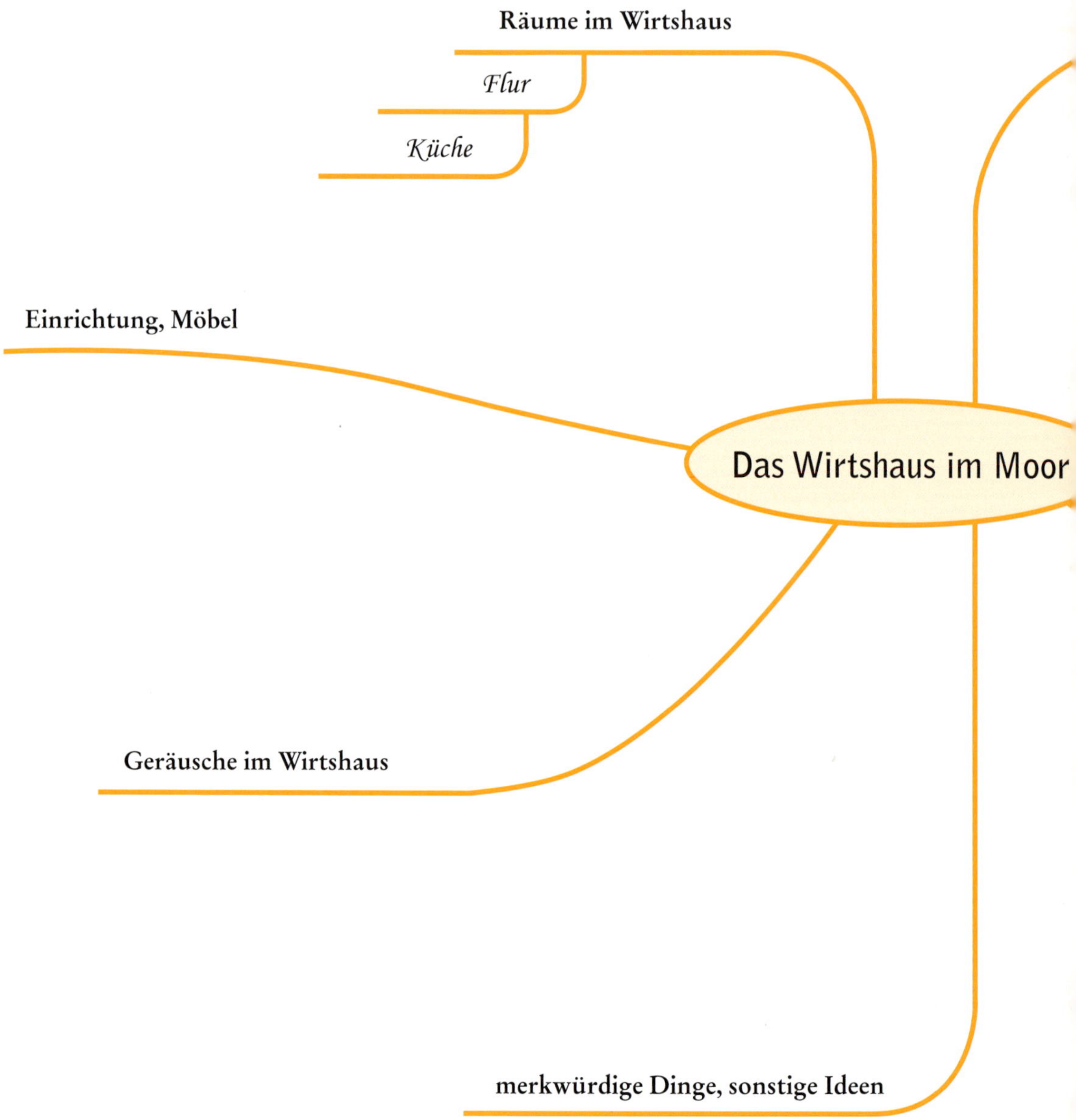

4 Überlege, was von all dem du für deine Erzählung benutzen willst, und schreibe die Fortsetzung in dein Heft.

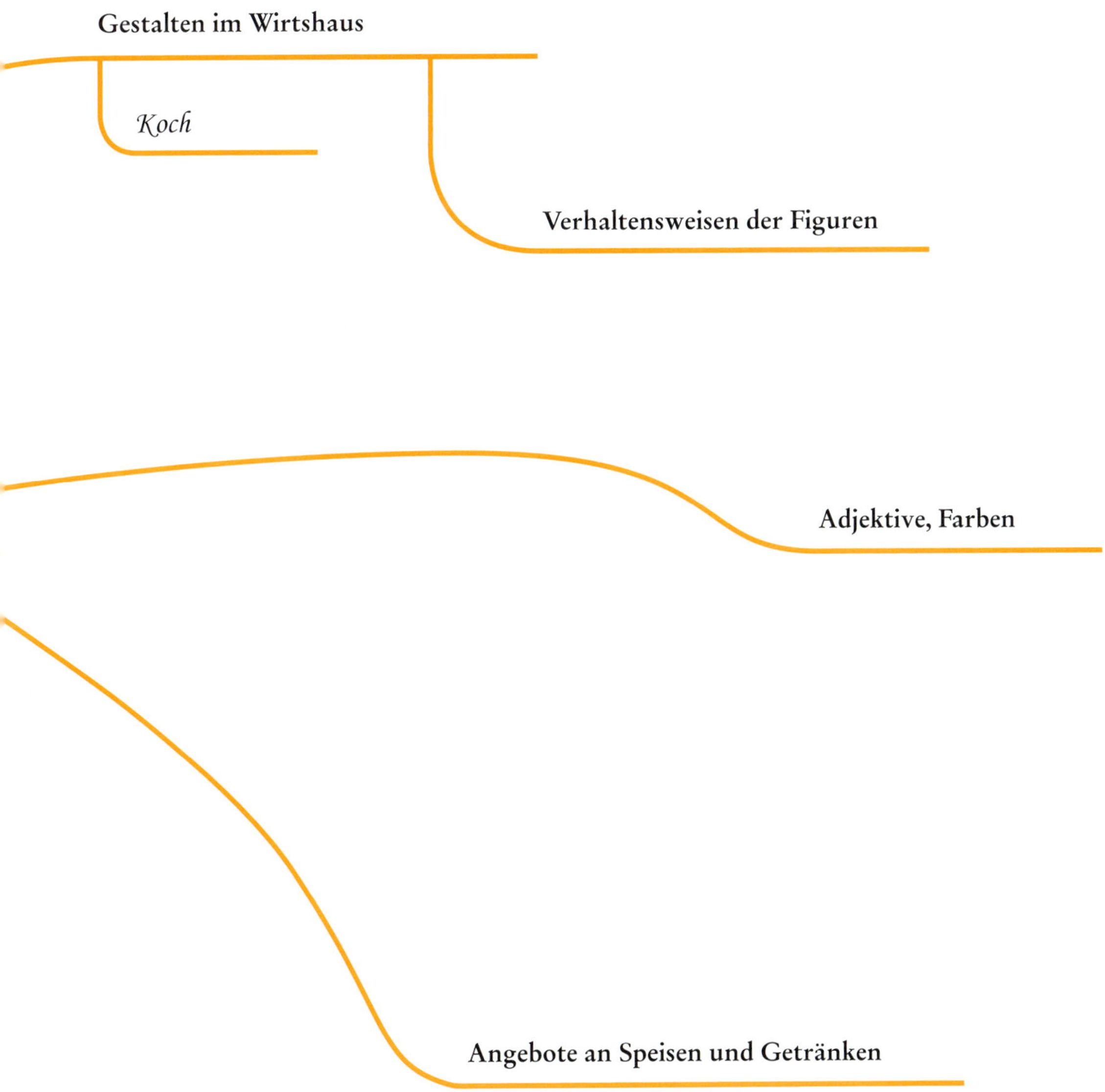

Jetzt erzählst du!
Die eigene Gespenstergeschichte

Vielleicht hast du nun Lust, eine ganz eigene Gespenstererzählung zu erfinden?

1 Lasse die Fotos auf dieser und der nächsten Seite auf dich wirken und entscheide dich für einen Handlungsort.

2 Sammle Ideen für die Figuren, die in deiner Geschichte vorkommen sollen, und überlege dir die Handlung.

Gasthaus aus dem 16. Jahrhundert

Die Post eines Dorfes

Süßigkeitenladen

3 Formuliere die Geschichte. Achte dabei auf die sprachlichen Mittel, die eine Gruselgeschichte spannend und interessant machen.

Alte Dorfkirche und Friedhof

Gewölbe in einem mittelalterlichen Kloster

Alte Dorfstraße

Einen Kurzfilm produzieren

In der sechsten Szene des Stückes (Textausgabe, S. 40) jagen die Zwillinge Sir Simon einen Schrecken ein, indem sie ihm unter anderem einen kurzen Film zeigen, in welchem Gespenster verulkt werden:

Es folgt die Projektion eines Filmspots, einer PowerPoint-Präsentation u. a. auf eine Leinwand. Die Buben haben den Film sozusagen hergestellt. Alle möglichen Veralberungen des Gespensterwesen können darin vorkommen.

1 Erstellt in Teamarbeit den Kurzfilm oder die PowerPoint-Präsentation. Ihr könnt euren Film später einsetzen, wenn ihr das Theaterstück mit der Klasse zur Aufführung bringt. Macht euch für die Arbeit einen Plan. Bearbeitet dafür die unten stehenden Fragen. Diskutiert die Ideen und entscheidet euch für eure Vorgehensweise.

- Wollt ihr mit Fotos arbeiten?
  Wollt ihr einen Film produzieren?
- Was, wen, bei welcher Aktion wollt ihr filmen oder fotografieren? (Leintuchgespenster, Biologiesaal-Gerippe ...) Was für Figuren sollen im Film/auf den Fotos vorkommen?
- Wo soll gefilmt/fotografiert werden? (Handlungsraum)
- Welche Atmosphäre soll erzeugt werden? Welche Elemente sollen dafür eingesetzt werden? (Vorhänge flattern im Wind ...) Welche Tageszeit, welches Licht, welche Beleuchtung wollt ihr verwenden?
- Wie kann übertrieben oder überzeichnet werden, sodass die Präsentation oder der Film witzig wirkt? (Kleidung, überzogene Gestik, Bewegung, Ungeschicklichkeit des gespielten Gespenstes ...)
- Welche Musik kann zugeordnet werden?
  Unterstreicht die Musik eine gruselige Stimmung oder setzt sie dazu einen Kontrapunkt? Hebt die Musik auf eine komische Ebene?
- Wer macht den Filmschnitt? Nach welchen Gesichtspunkten?
- Wer arrangiert die PowerPoint-Präsentation? Nach welchen Gesichtspunkten?

2 Führt eure Ergebnisse der Klasse vor. Findet eure Arbeit Zustimmung? Gibt es konstruktive Kritik, die ihr nutzen könnt?

Bühnenbild und Requisiten erfinden

1 Wenn ihr das Theaterstück spielt, braucht ihr zwei Spielorte: die Bibliothek des Schlosses und den englischen Friedhof. Sammelt für die Gestaltung der beiden Bühnenbilder Ideen und fertigt Pläne für die spätere Umsetzung an. Die Fotos von einem alten englischen Friedhof können euch helfen.

2 Schreibt in Teamarbeit auf, welche Requisiten für das Spiel zu beschaffen sind, und überlegt gemeinsam, wo und wie man die Dinge am geschicktesten bekommt. Bestimmt habt ihr Ideen, die im Spieltext gar nicht vorkommen. Aber Achtung: Aufwand und Wirkung der Requisiten müssen in einem vernünftigen Verhältnis zueinander bleiben.

Textquellen

Seite 16: Heinrich Seidel: Auf den Rabenklippen. Aus: Hermann Schauenburg. Allgemeines Deutsches Kommersbuch. Lahr 1858. S. 570.

Seite 17: Shel Silverstein: Verhext! Aus dem Amerikanischen übersetzt von Harry Rowohlt. Aus: Robert L. Stine: Vorsicht: Grusel! München: Omnibus 2004. S. 200. © 1996 by Evil Eye Music, Inc. Harper/Collins Publishers.

Seite 18: Aus: Dirk Ahner: Hui Buh, das Schlossgespenst. Roman zum gleichnamigen Film nach Motiven von Eberhard Alexander-Burgh. Hamburg: Carlsen Verlag 2009. S. 59 ff.

Seite 20: Aus: Dirk Ahner: Hui Buh, das Schlossgespenst. Roman zum gleichnamigen Film nach Motiven von Eberhard Alexander-Burgh. Hamburg: Carlsen Verlag 2009. S. 71 ff.

Seite 22: Aus: Joanne K. Rowling: Harry Potter und der Stein der Weisen. Aus dem Englischen übersetzt von Klaus Fritz. Hamburg: Carlsen Verlag 1998. S. 136 f. © Joanne K. Rowling.

Seite 23: Aus: Joanne K. Rowling: Harry Potter und der Stein der Weisen. Aus dem Englischen übersetzt von Klaus Fritz. Hamburg: Carlsen Verlag 1998. S. 145 f. © Joanne K. Rowling.

Bildquellen

Seite 6: Foto: Gabriele Maute.
Seite 22: Zeichnung: Konrad Eyferth, Berlin.
Seite 24: dfd/Deutscher Fotodienst, Berlin.
Seite 28 f.: Fotos: Gabriele Maute.
Seite 31: Fotos: Gabriele Maute.